DAS KOMPLETTE
FISCHKOCHBUCH

Top 100 moderne Lieblingsrezepte für
Meeresfrüchte zum Selbermachen

Bettina Lang

Sommario

EINLEITUNG

Wenn Sie noch nie zuvor Fisch oder Meeresfrüchte gekocht haben, werden Sie ein echter Leckerbissen erwartet. Das Schöne an Fisch und Meeresfrüchten ist, dass sie häufig auf einfachste Weise zubereitet werden. Dies ist eine ausgezeichnete schnelle Mahlzeit, und Sie werden es häufiger essen, als Sie erwartet hatten.

MEERESFRÜCHTE REZEPTE

1. Schnelle Fischsuppe mit Gemüse

Zutaten

- ½ rote Paprika
- 50 g kleine Karotten (1 kleine Karotte)
- 1 Schalotte
- 1 TL Rapsöl
- Salz
- Pfeffer
- 300 ml Fischfond (Glas)
- 100 g Schellfischfilet
- Worcestersauce nach Geschmack
- 1 Stängel glatte Petersilie

Vorbereitungsschritte

1. Die halbe Paprika entkernen, waschen und in dünne Streifen schneiden.

2. Karotten waschen, putzen, schälen, längs halbieren und in dünne Scheiben schneiden. Schalotten schälen und sehr fein würfeln.

3. Öl in einem Topf erhitzen. Paprika, Karotten und Schalotten darin bei mittlerer Hitze unter Rühren 1 Minute anbraten. Leicht salzen und pfeffern.

4. Mit Fischfond aufgießen, aufkochen, zudecken und 5 Minuten leicht köcheln lassen.

5. In der Zwischenzeit das Fischfilet kalt abspülen, mit Küchenpapier trocken tupfen und in mundgerechte Stücke schneiden. Zur Suppe geben und etwa 5 Minuten köcheln lassen.

6. In der Zwischenzeit die Petersilie waschen, trocken schütteln und die Blätter abzupfen.

7. Die Suppe mit Worcestershiresauce, Salz und Pfeffer würzen. Zum Servieren die Petersilienblätter unterrühren.

2. Kalte Gurkensuppe mit Flusskrebsen

Zutaten

- 2 Gurken (mittel)
- 500 ml Sauerrahm (Joghurt oder Buttermilch)
- Salz
- Pfeffer (weiß, aus der Mühle)
- Dill
- etwas Knoblauch *Für die Anzahlung:*
- 12 Krebsschwänze (bis 16, frei, hochgezogen) ☐ Gurkenwürfel
- Tomatenwürfel
- Dillzweige

Vorbereitung

1. Für die kalte Gurkensuppe mit Krebsen die Krabben garen und die Schwänze loslassen. Die Gurke schälen, entkernen und mit Sauerrahm (Joghurt oder Buttermilch) vermischen. Mit Salz, Pfeffer, Dill und etwas Knoblauch würzen. Auf vorgekühlten Tellern anrichten, Gurken- und Tomatenwürfel sowie Krabbenschwänze darauf legen und mit Dill garnieren.

3. Klare Fischsuppe mit gewürfeltem Gemüse

Zutaten

- 1 l Fischfond (klar, stark)
- 250 g Fischfiletstücke (bis 300 g, gemischt, ohne Gräten, Forelle etc.)
- 250 g Gemüse (gekocht, Blumenkohl, Lauch, Karotten usw.)
- Salz
- etwas Pfeffer
- Safran
- etwas Wermut (eventuell trocken)
- 1 Zweig (e) Dill

- Kerbel (oder Basilikum zum Dekorieren)
  Vorbereitung
1. Den fertigen Fischfond mit Salz, Pfeffer und Safran in etwas Wasser getränkt würzen und mit einer Prise Wermut würzen. Das vorgegarte Gemüse in kleine Würfel schneiden und mit dem Fischfilet ca. 4-5 Minuten köcheln lassen. Schnell auf heißen Tellern anrichten und mit den frischen Kräutern garnieren.

4. Garnelen-Ingwer-Suppe

Zutaten:

- Esslöffel brauner Zucker
- 500,0 Gramm rohe Garnelen
- 20,0 Gramm Ingwer
- Einheit Pfeffermädchenfinger
- Esslöffel Fischsauce

Vorbereitung

1. Die Garnelen schälen und die Eingeweide entfernen.

2. Köpfe und Schalen aufbewahren, gut waschen und mit Wasser und einer Prise Salz in einen Topf geben.
3. Kochen, bis die Brühe rötlich ist (10 Minuten), abseihen und drücken, um die Brühe vollständig zu extrahieren.
4. Die erhaltene Brühe aufkochen und mit Nampla (Fischsauce) und braunem Zucker würzen.
5. Chilischote und Zitronengras schneiden, zusammen mit den Kafirzitronenblättern und den Ingwerscheiben in die Brühe geben.
6. Die Garnelen dazugeben und kochen, bis sie ihre Farbe ändern.
7. Den Zitronensaft in die Schüsseln geben, die heiße Brühe aufgießen, mit dem gehackten Koriander bestreuen und servieren.

5. Knoblauchgarnelen

Zutaten

- 24 Garnelen (mittelgroß, freistehend und kochfertig)
- 250 ml Olivenöl
- 6 Stück Knoblauchzehen
- 2 Stück Chilischoten (getrocknet)
- Salz (aus der Mühle)

Vorbereitung

1. Knoblauch in dünne Scheiben schneiden, Chilischoten halbieren, Kerne entfernen und in kleine Stücke schneiden.
2. Olivenöl in einer Pfanne erhitzen und Knoblauch und Chilischoten im heißen Öl anbraten, bis der Knoblauch eine helle Farbe annimmt.
3. Die Garnelen salzen und ca. 3 Minuten braten, bis sie schön rosa sind.
4. Heiß servieren.

6. Garnelen mit Knoblauch

Zutaten

- 500 g Garnelen (klein, Garnelen)
- 1 Chilischote (rot)
- 5 Knoblauchzehen
- 2 EL Petersilie (fein gehackt)
- 1 Lorbeerblatt
- Olivenöl
- Meersalz (aus der Mühle)
- Pfeffer (aus der Mühle)

Vorbereitung

1. Die Garnelen von der Schale lösen und den Darm entfernen. Die Chilischote entkernen und in dünne Halbringe schneiden, den Knoblauch fein hacken. Olivenöl in einer Pfanne erhitzen und die Garnelen mit Chili, Knoblauch und Lorbeerblatt 2 Minuten bei relativ

starker Hitze unter ständigem Rühren anbraten.
Vor dem Servieren mit Salz und Pfeffer würzen
und mit gehackter Petersilie bestreuen.

7. Trüffel-Eiergericht

Zutaten

- 100 g Garnelen (geschält und gekocht)
- 3 Eigelb
- 125 ml Milch
- 125 ml Schlagsahne
- Meersalz (aus der Mühle)
- Pfeffer (weiß, aus der Mühle)
- 1 EL Trüffelöl

Vorbereitung

1. Milch, Sahne, Eigelb und Trüffelöl in Edelstahlgeschirr unter ständigem Rühren über heißem Dampf schlagen, bis das Ei zu verdicken beginnt.
2. Die Garnelen grob hacken und unter das Trüffelei rühren.

3. Die Trüffel-Eierschale mit frisch gemahlenem Salz und Pfeffer würzen.

8. Jakobsmuscheln am Spieß

Zutaten

- 16 Jakobsmuscheln
- 1/2 rote Paprika *Für die Marinade:*
- etwas Limettensaft
- etwas Schale einer unbehandelten Limette
- 1 Prise Currypulver
- Salz

Vorbereitung

1. Für die Jakobsmuscheln am Spieß Limettensaft und -schale, Currypulver, Salz und Pfeffer mit dem Olivenöl zu einer

Marinade verrühren. Die Jakobsmuscheln in die Marinade geben und eine Stunde ziehen lassen.

2. In der Zwischenzeit von der Paprika Haut, Steine und Stiele entfernen und in Quadrate schneiden.

3. Die Jakobsmuscheln und Paprikastücke abwechselnd auf die Holzspieße stecken. Auf den heißen Grill legen und von jeder Seite ca. 6 Minuten grillen.

9. Sandwich mit eingelegter Lachsforelle

Zutaten

- Ciabatte (oder Weißbrot)
- 2 Scheiben Lachsforelle (graviert)
- 1 EL Frischkäse (natur)
- 1 Teelöffel Honig-Senf-Dill-Sauce
- Salatblätter
- Gurkenscheiben

Vorbereitung

1. Für das Sandwich mit eingelegter Lachsforelle das Ciabatta-Brot halbieren, die untere Hälfte mit Frischkäse bestreichen und mit den Salatblättern belegen.

2. Die Lachsforellenscheiben darauf legen und mit der Honig-Senf-Sauce bestreichen. Mit Gurkenscheiben und der oberen Hälfte des Brotes abschließen.

10. Hüttenfischaufstrich

Zutaten
- 250 g Hüttenkäse
- 1/2 Bund Schnittlauch
- 1 Dose(n) Thunfisch (natur)
- Salz
- Pfeffer
- 1 Spritzer Zitronensaft

Vorbereitung
1. Für den Hüttenfisch-Aufstrich den Schnittlauch waschen und fein hacken. Den Thunfisch zerkleinern. Den Hüttenkäse mit

Schnittlauch, Thunfisch und Zitronensaft mischen.
2. Mit Salz und Pfeffer würzen.

11. Gebratenes Wildlachsfilet

Zutaten
- 60 Tage Wildlachsfilet
- 8 Tage Butter
- Salz
- Pfeffer
- Chiliflocken

Vorbereitung
1. Für das gebratene Wildlachsfilet die Wildlachsfilets salzen, pfeffern und mit

einigen Chiliflocken bestreuen. Butter in einer Pfanne erhitzen und die Lachsfilets von beiden Seiten anbraten.

2. Anrichten und servieren.

12. Lachsaufstrich mit Quark

Zutaten

- 250 g Quark
- 200 g Räucherlachs (fein gehackt)
- 1/2 Zitrone (Saft)
- Salz
- Pfeffer
- Kräuter (nach Belieben)

Vorbereitung

1. Räucherlachs fein hacken.

2. Quark, Räucherlachs, Zitronensaft, Kräuter nach Wahl, Salz und Pfeffer gut vermischen.

3. Nochmals abschmecken und servieren.

13. Aufstrich aus geräucherter Forelle

Zutaten

- 1 Tasse Crème fra .che
- 3 Eier (hartgekocht)
- 2 Forellen (geräuchert)
- 3 EL Kräuter (gehackt)
- Prise Pfeffer
- 1/2 Tasse Sauerrahm
- 1 Spritzer Zitronensaft
- Salz

Vorbereitung

1. Für den Räucherforellenaufstrich die hartgekochten Eier schälen, fein schneiden und in eine Schüssel geben. Forellenfilets hacken und dazugeben.

2. Mit Creme Fraiche und Sauerrahm zu einem streichfähigen Fischaufstrich verrühren.
   Zum Schluss mit einem Spritzer Zitronensaft und den gehackten Kräutern abschmecken.

3. Mit Salz und Pfeffer abschmecken und den Räucherforellenaufstrich ca. 60 Minuten im Kühlschrank ruhen lassen.

14. Thunfischsalat mit Bohnen

Zutaten

- 2 Dose(n) Thunfisch (mexikanisch)
- 1/2 Paprika (gelb)
- etwas Eisbergsalat (geputzt und gewaschen)
- Tomate
- EL Essig (am besten Weißweinessig)
- 1 EL Olivenöl
- 1 Prise Zucker
- Salz
- Pfeffer (frisch gemahlen)

Vorbereitung

1. Für den Thunfischsalat mit Bohnen den Eisbergsalat kleinschneiden, mit Essig, Salz, Pfeffer, einer Prise Zucker und Öl vermischen. Auf Tellern anrichten,

Thunfisch in die Mitte legen, Rand mit dünn geschnittenen . garnierenPaprika, Tomaten vierteln und auf den Thunfisch legen. Rundherum mit Pfeffer bestreuen.

15. Pizzatoast

Zutaten

- 1/4 Stange(n) Salami
- 1 Päckchen Pizzakäse
- 1 Dose(n) Thunfisch
- Pizzagewürz
- 1/2 Dose(n) Mais
- Toast

Vorbereitung

1. Die Salami in kleine Stücke schneiden.
2. Anschließend alle Zutaten miteinander vermischen und mit Pizzagewürz würzen.
3. Backofen auf ca. 200 °C.

4. Toast auf das Backblech legen und die gut vermischten Zutaten auf dem Brot verteilen.
5. In den Ofen schieben und wenn der Käse geschmolzen und das Brot leicht gebräunt ist, können die Pizzatoasts genossen werden!

16. Frühstück mit Lachsforelle und Eierspeise

Zutaten

- 2 Scheiben Roggenbrot (oder Vollkorntoast)
- 2 Bio-Eier (Größe M)
- 2 EL Frischkäse (natur)
- 4 Scheibe(n) Lachsforelle (eingelegt)
- etwas Butter
- Salz
- Pfeffer (frisch gemahlen)
- Sprossen (zum Garnieren)

Vorbereitung

1. Zum Frühstück mit Lachsforelle und
   Eierspeise zuerst das Brot toasten. Die Eier leicht verquirlen und in etwas aufgeschäumter Butter eine Eierschale zubereiten, mit Salz und Pfeffer würzen.
2. Das Brot mit Frischkäse bestreichen, die Eierschale darauf verteilen und mit der

eingelegten Lachsforelle belegen. Das Frühstück mit Lachsforelle und Rührei mit Sprossen garnieren.

17. Gurkennudeln mit Saiblingssauce

Zutaten

- 100 g Joghurt (evtl. Sojajoghurt)
- 35 g Paprika (rot)
- 1 Knoblauchzehe(n)
- 130 g Bachsaibling (geräuchert)
- 250 g Gurke
- 1 EL Dille (gehackt)

Vorbereitung

1. Für die Gurkennudeln mit Saiblingssauce die Paprika in kleine Würfel schneiden, die Knoblauchzehe fein hacken und den Bachsaibling in kleine Stücke schneiden.

2. Den Joghurt mit den Paprikawürfeln, dem Knoblauch und der Bachforelle mischen und mit Salz würzen. Die Gurke mit dem Spiralschneider in Nudelform schneiden, mit der Saiblingssauce vermischen und mit Dill bestreut servieren.

18. Lachspfannkuchenröllchen

Zutaten

- 2 Pfannkuchen
- 150 g Räucherlachs
- 150 g Frischkäse (natur)
- 1 EL Meerrettich (frisch zerzupft)
- 1 Teelöffel Zitronensaft

Vorbereitung

1. Zuerst den Frischkäse mit dem geriebenen Meerrettich und Zitronensaft mischen und auf den Pancakes verteilen.
2. Den Räucherlachs auf die mit Frischkäse überzogenen Pfannkuchen legen und aufrollen.
3. In Stücke schneiden ca. 3 cm dick und servieren.

19. Der karibisch gewürzte Lachs

Zutaten

- 400 g Lachs
- 2 EL Ruckgewürz

- 2 EL Margarine (zum Braten)

Vorbereitung

1. Für den karibischen Lachs den Lachs reinigen (restliche Schuppen entfernen), waschen und mit Küchenpapier trocknen.
2. Reiben Sie beide Seiten mit Jerk-Gewürz ein. Das Fett in einer Pfanne erhitzen und den Lachs bei mittlerer Hitze von beiden Seiten anbraten.

20. Thunfisch-Käse-Salat

Zutaten

- 3 Handvoll Salat (nach Belieben)
- 150 g Hüttenkäse
- 1 Dose(n) Thunfisch
- 10 Tomaten (klein oder Cocktail)
- 30 g Blauschimmelkäse
- Olivenöl

- Balsamico-Creme
- Salz
- Pfeffer

Vorbereitung

1. Für den Thunfisch-Käse-Salat Salat und Tomaten waschen und trocknen. Salat in mundgerechte Stücke teilen, Tomaten halbieren oder vierteln (je nach Größe), Blauschimmelkäse in mundgerechte Stücke schneiden.

2. Alle Zutaten miteinander vermischen oder einzeln auf Teller anrichten, mit Olivenöl und Balsamico-Creme marinieren und mit Salz und Pfeffer würzen.

21. Andalusische Garnelen

Zutaten

- 150-200 g Garnelen (ohne Schale)
- 2 Tomaten
- 1/2 Zwiebel
- 6 Stk. Oliven (ohne Samen)
- 1 EL Petersilie (gehackt)
- Salz
- Pfeffer
- Weißwein (zum Einschenken)
- Olivenöl (zum Schwitzen)

Vorbereitung

1. Für die andalusischen Garnelen Tomaten und Zwiebeln in feine Würfel schneiden. Beides in Olivenöl anschwitzen, Oliven und gehackte

Petersilie dazugeben und mit Salz und Pfeffer würzen.

2. Die Garnelen hineingeben und 3 Minuten ruhen lassen.

3. Mit Weißwein abspülen, kurz heiß werden lassen und die andalusischen Garnelen servieren.

22. Rührei mit Trüffel

Zutaten

- 100 g Garnelen (geschält und gekocht)
- 3 Eigelb
- 125 ml Milch
- 125 ml Schlagsahne
- Meersalz (aus der Mühle)
- Pfeffer (weiß, aus der Mühle)
- 1 EL Trüffelöl

Vorbereitung

1. Milch, Sahne, Eigelb und Trüffelöl in einer Edelstahlschüssel unter ständigem Rühren mit heißem Dampf verquirlen, bis das Ei zu gefrieren beginnt.
2. Die Garnelen grob hacken und unter den Trüffel rühren.
3. Die Trüffel-Eierschale mit frisch gemahlenem Salz und Pfeffer würzen.

23. Kalte Gurkensuppe mit Krebsen

Zutaten

- 2 Gurken (mittel)
- 500 ml Sauerrahm (Joghurt oder Buttermilch)
- Salz
- Pfeffer (weiß, aus der Mühle)
- Dill
- etwas Knoblauch
- 12 Krebsschwänze (bis 16, frei, hochgezogen) ☐ Gurkenwürfel
- Tomatenwürfel
- Dillzweige

Vorbereitung

1. Für die kalte Gurkensuppe mit Krebsen die Krabben garen und die Schwänze loslassen. Die Gurke schälen, entkernen und mit

Sauerrahm (Joghurt oder Buttermilch) vermischen. Mit Salz, Pfeffer, Dill und etwas Knoblauch würzen. Auf gekühlten Tellern anrichten, Gurken- und Tomatenwürfel sowie Krabbenschwänze darauf legen und mit Dill garnieren.

24. Trüffel-Eiergericht

Zutaten

- 100 g Garnelen (geschält und gekocht)
- 3 Eigelb
- 125 ml Milch
- 125 ml Schlagsahne
- Meersalz (aus der Mühle)
- Pfeffer (weiß, aus der Mühle)
- EL Trüffelöl

Vorbereitung

1. Milch, Sahne, Eigelb und Trüffelöl in Edelstahlgeschirr unter ständigem Rühren

über heißem Dampf aufschlagen, bis das Ei zu binden beginnt.

2. Die Garnelen grob hacken und unter das Trüffelei rühren.

3. Die Trüffel-Eierschale mit frisch gemahlenem Salz und Pfeffer würzen.

25. Garnelen mit Knoblauch

Zutaten

- 500 g Garnelen (klein, Garnelen)
- Chilischote (rot)
- 5 Knoblauchzehen
- EL Petersilie (fein gehackt)
- 1 Lorbeerblatt
- Olivenöl
- Meersalz (aus der Mühle)

- Pfeffer (aus der Mühle)

Vorbereitung

1. Die Garnelen aus der Schale nehmen und den Darm entfernen. Die Chilischote entkernen und den Knoblauch fein in dünne Halbringe schneiden. Olivenöl in einer Pfanne erhitzen und die Garnelen mit Chili, Knoblauch und Lorbeerblatt 2 Minuten bei relativ starker Hitze unter ständigem Rühren anbraten. Vor dem Servieren mit Salz und Pfeffer würzen und mit gehackter Petersilie bestreuen.

26. Krebse im Sud

Zutaten

- 3 kg Krebse (frisch gefangen und lebend)
- 15 Liter Salzwasser
- Zwiebel
- Gartenkräuter (frisch)

- Salz
- Pfeffer
- Lorbeerblatt
- 1 Lauch(e)
- Kümmel (frisch)

Vorbereitung

1. Die fangfrischen Krebse im kochenden Salzwasser mit Gemüse und Kräutern ca. 2 - 4 Minuten kochen lassen und gleichzeitig köcheln lassen. Alle Zutaten werden im Sud gekocht und dieser kann zur Entgiftung auch danach gegessen werden.

27. Bio-Garnelen auf Wok-Gemüse

Zutaten

- 10 Stück Yuu n 'Mee Black Tiger Bio Garnelen (oder handverlesene Garnelen)

- 60 g Auberginen
- 60 g Babymais
- 40 g Kirschtomaten
- 40 g Zuckerschoten
- 40 g Chinakohl
- 40 g Basilikum (frisch)
- 20 g Austernsauce
- 10 g Chili (grün)
- 2 EL Sojasauce
- 2 Stück Limetten (Saft der Limetten)
- 20 g Zwiebel (grün)
- 4 EL Sonnenblumenöl

Vorbereitung

1. Für die Bio-Garnelen auf Wok-Gemüse Sonnenblumenöl im Wok leicht erhitzen, Gemüse darin anbraten, mit Austernsauce, Chilis, Limettensaft und Sojasauce würzen.
2. Die Garnelen dazugeben und mit Basilikum belegen und schnell servieren.

28. Jakobsmuscheln am Spieß

Zutaten

- 16 Jakobsmuscheln
- 1/2 rote Paprika
- etwas Limettensaft
- etwas Schale einer unbehandelten Limette
- Prise Currypulver
- Salz

Vorbereitung

1. Für die Jakobsmuscheln am Spieß Limettensaft und -schale, Currypulver, Salz und Pfeffer mit dem Olivenöl zu einer Marinade verrühren. Die Jakobsmuscheln in die Marinade geben und eine Stunde ziehen lassen.

2. In der Zwischenzeit Haut, Kerne und Stiele der Paprika entfernen und in Quadrate schneiden.
3. Die Jakobsmuscheln und Paprikastücke abwechselnd auf die Holzspieße stecken. Auf den heißen Grill legen und von jeder Seite ca. 6 Minuten grillen.

29. Ceviche aus Bio-Garnelen und Avocado

Zutaten

- 20 Yuu´n Mee Bio Garnelen
- 4 Avocados
- 2 Limetten
- Chilischoten (klein)
- 1 Schalotte
- Koriander (frisch)
- Knoblauch
- Salz

Vorbereitung

1. Für das Ceviche aus Bio-Garnelen und Avocado die Limetten auspressen. Den Saft mit der gehackten Chilischote mischen, die fein geschnittenSchalotte, etwas Knoblauch und gehackten Koriander und mit Salz würzen.

2. Die Garnelen mit dieser Marinade etwa $\frac{1}{2}$ Stunde marinieren.

3. Avocados schälen und entkernen, in Spalten schneiden und mit Salz würzen. Mit den Garnelen servieren und die Marinade über die Ceviche träufeln.

30. Garnelen-Sushi

Zutaten

- 250 g Sushireis (siehe Link im Text)
- 200 g Ama Ebi (Garnelen für Sushi)
- Wasabi

Vorbereitung

1. Für Garnelen-Sushi bereiten Sie zunächst den Reis nach dem Grundrezept zu.
2. Den Reis mit nassen Händen zu Kugeln formen. Auf einer Seite eine dünne Schicht Wasabi verteilen. Legen Sie die Garnelen darauf. Das Garnelen-Sushi in die Handmulde legen, den Belag glatt streichen und zu einem Oval formen.

31. Gebratene Scampi

Zutaten

- 8 Stk. Scampi ((8/12) frisch mit Kopf und Schale)
- 2 Zehe(n) Knoblauch (geschält)
- 2 Zweig(e) Thymian
- Olivenöl
- Salz
- Pfeffermühle)

Vorbereitung

1. Für die klassisch gebratenen Scampi entkernen Sie zuerst die Garnelen. Dazu den Rücken mit einem scharfen Messer längs zum Körper vorsichtig einschneiden.

2. Der Darm ist schwarz und leicht zu erkennen. Ziehen Sie diese vorsichtig heraus. Eine schwere Pfanne erhitzen, Olivenöl, Knoblauch und Thymian hinzufügen.
3. Die Scampi je nach Größe 6-8 Minuten in heißem Öl anbraten. Mit Salz und Pfeffer würzen und heiß servieren.

32. Calamari mit Kartoffeln

Zutaten

- 10 Tintenfische
- 8 Kartoffeln
- Knoblauchzehen
- Salz
- Öl
- Butter
- Petersilie

Vorbereitung

1. Zuerst die Kartoffeln schälen und vierteln. Wasser zum Kochen bringen und die Kartoffeln 10 Minuten kochen lassen.
2. Anschließend mit der zerlassenen Butter und dem Rosmarinzweig in einer Pfanne

schwenken, salzen und mit fein gehackter Petersilie garnieren.

3. In einer anderen Pfanne die Calamari einige Minuten mit dem geriebenen Knoblauch im Öl anbraten.

4. Die Calamari mit den Kartoffeln servieren.

33. Fisch in Tomatensauce

Zutaten

- 4 gefrorene Weißfischfilets nach Wahl
- 2 Tassen Kirschtomaten halbiert
- 2 fein geschnitten Knoblauchzehen
- 120 ml helle Hühnerbrühe
- 60 ml trockener Weißwein (oder mehr Hühnerbrühe verwenden)
- 1/2 Teelöffel Salz
- 1/2 Teelöffel schwarzer Pfeffer

- 1/4 Tasse fein gehackte frische Basilikumblätter (zum Garnieren)

Vorbereitung

1. Tomaten, Knoblauch, Salz und Pfeffer bei mittlerer Hitze in eine Pfanne geben. 5 Minuten kochen lassen oder bis die Tomaten weich sind.

2. Fügen Sie Hühnerbrühe, Weißwein (falls verwendet), gefrorene Fischfilets und gehacktes Basilikum hinzu. Bedecken Sie und köcheln Sie 20-25 Minuten, bis der Fisch vollständig gekocht ist.

3. Zum Schluss noch eine Handvoll gehacktes Basilikum darüberstreuen und nach Belieben auf Reis, Couscous oder Quinoa servieren.

34. Thunfisch mit fruchtigem Gurkensalat

Zutaten

- 2 Thunfischfilets ca. je 130 g
- Salz
- Pfeffer aus der Mühle
- 2 TL Olivenöl
- 200 g Gurke
- 150 g Chinakohl
- 4 EL Limettensaft
- 4 EL Chili-Hühnchen-Sauce
- 4 EL Orangensaft
- 4 EL Frühlingszwiebelringe

Vorbereitungsschritte

1. Die Thunfischfilets salzen und pfeffern. Olivenöl in einem überzogenen

2. Eine Pfanne erhitzen, die Fischfilets darin ca. 2 - 3 Minuten auf jeder Seite. Die Gurke mit der Haut waschen und in dünne Scheiben schneiden oder in Scheiben schneiden.
3. Chinakohl waschen, putzen und in dünne Streifen schneiden.
4. Gurke, Chinakohl, Limettensaft, ChiliHühnchen-Sauce, Orangensaft und Frühlingszwiebelringe mischen und mit Salz würzen. Die Thunfischfilets auf dem Salat anrichten und servieren.

35. Schneller Fischburger

Zutaten

- 2 Fischpasteten
- etwas Butter
- 2 Scheibe(n) Käse
- 2 Blatt Güner Salat
- 4 Tomatenscheiben
- 2 Burgerbrötchen
- Tartarsauce
- Ketchup
- Zwiebelringe

Vorbereitung

1. Für den schnellen Fisch-Burger die FischPatties in der Pfanne anbraten – am Ende der Bratzeit auf jedem der Fisch-Patties eine Scheibe Käse schmelzen.

2. Die Burgerbrötchen mit Remoulade bestreichen und Salat, Tomatenscheiben und Zwiebelringe darauf verteilen.

3. Auf jedes Burgerbrötchen (mit Tatar/Salat/Tomaten/Zwiebelsauce) einen Fischlaib (mit Käse) legen und mit Ketchup belegen.

4. Mit dem Burgerbrötchendeckel abschließen.

36. Hüttenfischaufstrich

Zutaten

- 250 g Hüttenkäse
- 1/2 Bund Schnittlauch
- 1 Dose(n) Thunfisch (natur)
- Salz
- Pfeffer
- 1 Spritzer Zitronensaft

Vorbereitung

1. Für den Hüttenfisch-Aufstrich den Schnittlauch waschen und fein hacken. Den Thunfisch zerkleinern. Den Hüttenkäse mit Schnittlauch, Thunfisch und Zitronensaft mischen.

2. Mit Salz und Pfeffer würzen.

37. Mayonnaise mit Basilikum

Zutaten

- Mayonnaise (fertig gekauft oder hausgemacht)
- ein Haufen Basilikum

Vorbereitung

1. Diese superschnelle Basilikum-Mayonnaise passt hervorragend zu Gegrilltem, Fish & Chips oder hausgemachten Fischstäbchen.

2. So schnell geht es natürlich nur, wenn man fertige Mayonnaise verwendet. Wenn Sie es vorziehen, Ihre eigene zu machen, finden Sie hier ein Rezept für hausgemachte Mayonnaise.

3. Basilikum waschen und trocken schütteln.
4. Entfernen Sie die groben Stiele. Das Basilikum in einem Mixer pürieren.

38. Mayonnaise mit Basilikum

Zutaten

- Mayonnaise (fertig gekauft oder hausgemacht)
- 1 Bund Basilikum

Vorbereitung

1. Diese superschnelle Basilikum-Mayonnaise passt hervorragend zu Gegrilltem, Fish & Chips oder hausgemachten Fischstäbchen.
2. So schnell geht es natürlich nur, wenn man fertige Mayonnaise verwendet. Wenn Sie es

vorziehen, Ihre eigene zu machen, finden Sie hier ein Rezept für hausgemachte Mayonnaise.

3. Basilikum waschen und trocken schütteln.
4. Entfernen Sie die groben Stiele. Das Basilikum in einem Mixer pürieren.

39. Bio-Garnelen auf Wok-Gemüse

Zutaten

- 10 Stück Yuu n 'Mee Black Tiger Bio Garnelen
- 60 g Auberginen
- 60 g Babymais
- 40 g Kirschtomaten
- 40 g Zuckerschoten
- 40 g Chinakohl

- 40 g Basilikum (frisch)
- 20 g Austernsauce
- 10 g Chili (grün)
- 2 EL Sojasauce
- 2 Stück Limetten (Saft der Limetten)
- 20 g Zwiebeln (grün)
- 4 EL Sonnenblumenöl

Vorbereitung

1. Für die Bio-Garnelen auf Wok-Gemüse Sonnenblumenöl im Wok leicht erhitzen, Gemüse darin anbraten, mit Austernsauce, Chilis, Limettensaft und Sojasauce würzen.
2. Die Garnelen dazugeben und mit Basilikum belegen und schnell servieren.

40. Gebratene Scampi

Zutaten

- 8 Stk. Scampi ((8/12) frisch mit Kopf und Schale)
- 2 Knoblauchzehen (geschält)
- 2 Zweige Thymian
- Olivenöl
- Salz
- Pfeffermühle)

Vorbereitung

1. Für die klassisch gebratenen Scampi entkernen Sie zuerst die Garnelen. Dazu den Rücken mit einem scharfen Messer längs zum Körper vorsichtig einschneiden.

2. Der Darm ist schwarz und leicht zu erkennen. Ziehen Sie diese vorsichtig heraus. Eine schwere Pfanne erhitzen, Olivenöl, Knoblauch und Thymian hinzufügen.

3. Die Scampi je nach Größe 6-8 Minuten in heißem Öl anbraten. Mit Salz und Pfeffer würzen und heiß servieren.

41. Pasta mit Lachs

Zutaten

- 250 g Spaghetti
- 250 ml Schlagsahne
- 250 ml Wasser
- Salz
- Gewürze
- Dill
- 1 Würfel Kräuter
- 150 g Fischfilets (Räucherlachs)

Vorbereitung

1. Die Nudeln in einer geschlossenen Schüssel verteilen, mit Schlagsahne und Wasser beträufeln. Mit Salz, etwas Pfeffer und fein gehacktem Dill würzen.

42. Toast mit geräucherter Forelle

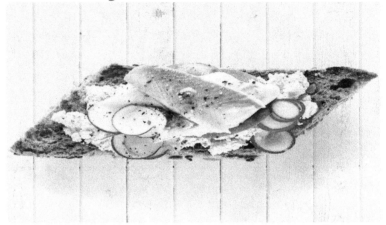

Zutaten

- Zwiebel
- 4 geräucherte Forellenfilets
- Pflanzenöl
- 1/2 Dose(n) Champignons
- 150 g Erbsen (gefroren, aufgetaut)
- 4 Eier
- 4 Scheibe(n) Toast
- Salz
- Pfeffer (aus der Mühle)

Vorbereitung

1. Für den Räucherforellentoast zuerst die

Zwiebel schälen und fein hacken. Die Räucherforelle in kleine Stücke schneiden oder auseinander ziehen.

2. Etwas Öl in einer Pfanne erhitzen und die Zwiebel darin anschwitzen. Champignons und Erbsen hinzufügen. Mit Salz und Pfeffer abschmecken.

3. Die Eier verquirlen und darüber gießen.

4. Toastscheiben toasten und die Pilz-ErbsenEi-Mischung darauf verteilen. Mit der Forelle toppen.

5. Servieren Sie den Räucherforellentoast.

43. Räucherlachs-Tartar

Zutaten

- 1/4 Gurke
- 200 g Räucherlachs
- 1/2 Bund Dill
- 1 Teelöffel Kapern
- 1 EL Zitronensaft
- 1 EL Olivenöl
- Salz Pfeffer

Vorbereitung

1. Für das Räucherlachs-Tartar die Gurke schälen, längs halbieren und entkernen.
2. Das Fruchtfleisch in sehr feine Würfel schneiden.
3. Räucherlachs fein hacken, Dill und Kapern fein hacken.

4. Gurkenwürfel, Lachs, Dill und Kapern mischen, Zitronensaft und Olivenöl einrühren und das Weinstein mit Salz und Pfeffer würzen.

44. Holländischer Heringssalat

Zutaten

- 400 g Heringe
- 400 g Gouda
- 100 g Perlzwiebeln
- 3 Stück Gurken
- 250 g Sauerrahm
- 3 EL Mayonnaise
- Salz
- Pfeffer
- Zucker
- Schnittlauch

Vorbereitung

1. Heringsfilets entgräten und trocknen.
2. Gouda, Hering, Essiggurken und Eier in mundgerechte Stücke schneiden und in einer Schüssel verrühren.
3. Mayonnaise mit Sauerrahm, Zucker, Pfeffer und Salz verquirlen. Schnittlauch fein hacken und unter die Sauce rühren. Zum Schluss Hering, Perlzwiebel und Käse untermischen.

45. Falscher Lachsaufstrich

Zutaten

- 250 g Quark (mager)
- 4 Teelöffel Milch
- 2 Gläser Lachsersatz (je 80 g)
- Salz
- 100 ml Schlagsahne

Vorbereitung

1. Quark, Milch und Lachsersatz in einer Schüssel mit einem Mixer verrühren.
2. Mit Salz abschmecken.
3. Zum Schluss die Schlagsahne steif schlagen und unterheben.

46. Bio-Garnelen auf Wok-Gemüse

Zutaten

- 10 Stück Yuu n 'Mee Black Tiger Bio Garnelen (oder handverlesene Garnelen)
- 60 g Auberginen
- 60 g Babymais

- 40 g Kirschtomaten
- 40 g Zuckerschoten
- 40 g Chinakohl
- 40 g Basilikum (frisch)
- 20 g Austernsauce
- 10 g Chili (grün)
- 2 EL Sojasauce
- 2 Stück Limetten (Saft der Limetten)
- 20 g Zwiebel (grün)
- 4 EL Sonnenblumenöl

Vorbereitung

1. Für die Bio-Garnelen auf Wok-Gemüse Sonnenblumenöl im Wok leicht erhitzen, Gemüse darin anbraten, mit Austernsauce, Chilis, Limettensaft und Sojasauce würzen.

2. Die Garnelen dazugeben und mit Basilikum belegen und schnell servieren.

47. Thunfischnudeln

Zutaten

- 1 Dose(n) Thunfisch (natur)
- 7 Kapern
- 1/2 Glas Tomaten (getrocknet, in Öl; alternativ frische Tomaten)
- 7 Oliven
- 1/2 Zwiebel
- Chili-Öl
- Knoblauchöl
- 250 g Spaghetti

Vorbereitung

1. Die Zwiebel in kleine Würfel schneiden. Die getrockneten Tomaten würfeln und den Thunfisch abtropfen lassen.
2. Die Spaghetti nach Packungsanweisung kochen.
3. Chili- und Knoblauchöl in eine Pfanne geben und die Zwiebel anschwitzen. Tomaten, Kapern, Oliven und Thunfisch hinzufügen. Kurz köcheln lassen, etwas Nudelwasser dazugeben und Zitronensaft hinzufügen.
4. Die gekochten Nudeln mit der Sauce anrichten und servieren.

48. Thunfischaufstrich

Zutaten

- 1 Dose(n) Thunfisch (im eigenen Saft, abgetropft)
- 130 g Sauerrahm
- 1 EL Mayonnaise
- 1 EL Kapern
- 1 Spritzer Zitronensaft
- Salz
- Pfeffer (aus der Mühle)

Vorbereitung

1. Für den Thunfischaufstrich zuerst die Kapern abtropfen lassen und fein hacken.

2. Alle Zutaten gut vermischen, bis ein glatter Thunfischaufstrich entsteht.

49. Philadelphia-Zitronenknödel

Zutaten

- 175 g Philadelphia Doppelrahm Einstellung natur
- 20 g Mehl (praktisch)
- 1/2 Zitrone
- 1 Stück Ei
- 20 g Butter (geschmolzen)
- Ein bisschen Salz
- 1 EL Weißbrotbrösel (fein)

Vorbereitung

1. Für die Philadelphia-Zitronenknödel die Schale einer halben Zitrone abreiben und dann eine halbe Zitrone auspressen.

2. Alle Zutaten miteinander vermischen und mit einem nassen Esslöffel Knödel ausstechen.
3. Die Knödel in kochendes Wasser legen und etwa 3 Minuten stehen lassen.

50. Schneller Fischburger

Zutaten

- 2 Fischpasteten
- etwas Butter
- 2 Scheibe(n) Käse
- 2 Blatt Güner Salat
- 4 Tomatenscheiben
- 2 Burgerbrötchen
- Tartarsauce
- Ketchup
- Zwiebelringe

Vorbereitung

1. Für den schnellen Fisch-Burger die FischPatties in der Pfanne anbraten – am Ende der Bratzeit auf jedem der Fisch-Patties eine Scheibe Käse schmelzen.
2. Die Burgerbrötchen mit Remoulade bestreichen und Salat, Tomatenscheiben und Zwiebelringe darauf verteilen.
3. Auf jedes Burgerbrötchen (mit Tatar/Salat/Tomaten/Zwiebelsauce) einen Fischlaib (mit Käse) legen und mit Ketchup belegen.
4. Mit dem Burgerbrötchendeckel abschließen.

51. Fischfrikadelle

- Kochzeit 10 Minuten
- Portionen 1
- Kalorien 235

Zutaten

- 100 g Thunfisch (Dose)
- 1 Stück Eier (60 g)
- 1/2 EL Weizenmehl (Vollkorn)
- 1 Prise Jodsalz
- 1 Prise schwarzer Pfeffer

Vorbereitung

1. Den Thunfisch in einer Schüssel zerkleinern.

2. Eiweiß, Mehl, Salz und Pfeffer dazugeben und alles vermischen.

3. Fleischbällchen formen und auf jeder Seite goldbraun braten.

52. Lachs mit Sesamkruste und Brokkoli

Zutaten

- 600 g Brokkoli
- Jodsalz mit Fluorid
- 1 Knoblauchzehe
- 15 g Ingwer
- 480 g sehr frisches Lachsfilet (8 Stück)
- Pfeffer
- 30 g Sesam
- 15 g Kokosöl (1 EL)

- 2 EL Sesamöl
- Chilifaden
- 50 ml Gemüsebrühe
- 2 EL Limettensaft
- 1 Limette

Vorbereitungsschritte

1. Brokkoli waschen, waschen und in kleine Sträuße schneiden. In kochendem Wasser mit Salz 4 Minuten kochen, abtropfen lassen, abspülen und gut abtropfen lassen. In der Zwischenzeit Knoblauch schälen und hacken. Ingwer schälen und fein reiben. Lachs kalt abspülen, Wasser abwischen, mit Salz und Pfeffer würzen und mit Sesam bestreuen.

2. Kokosöl in einer Pfanne erhitzen und die Lachshaut bei mittlerer Hitze goldbraun backen. Dann die andere Seite umdrehen, bis sie goldbraun ist und braten. Auf eine ofengeeignete Platte oder Backblech legen und im auf 100 °C vorgeheizten Backofen ca. 10 Minuten einweichen (Umluft wird nicht empfohlen; Gas: minimale Einstellung) (der Innenraum sollte noch glasig sein).

3. Währenddessen Sesamöl in einer Pfanne erhitzen und Knoblauch und Ingwer anbraten. Brokkoli und Chilifäden dazugeben, mischen, mit Suppenfond würzen und mit Salz, Pfeffer und Limettensaft würzen. Spülen Sie die Limette mit kochendem Wasser ab, klopfen Sie sie leicht ab, um sie abzutropfen, und schneiden Sie sie in eine Kammform. 2 Scheiben Lachs und BrokkoliGemüse auf 4 Schalen aufteilen und mit Limettenkämmen dekorieren.

53. Pasta mit Lachs und Spinat

Zutaten

- 500 g Vollkornnudeln (zB Penne)
- Salz

- 1 Knoblauchzehe
- 1 rote Zwiebel
- 1 Bio-Zitrone ☐ 2 EL Olivenöl
- 300 ml Gemüsebrühe
- 3 EL Frischkäse
- 250 g Lachsfilet
- 80 g Spinat
- Pfeffer

Vorbereitungsschritte

1. Die Nudeln in reichlich kochendem
Salzwasser nach Packungsanweisung kochen.
Dann abtropfen lassen.
2. In der Zwischenzeit Knoblauch und Zwiebel schälen und in feine Würfel schneiden. Zitrone heiß abspülen, trocken tupfen und die Schale abreiben.
3. Öl in einer Pfanne erhitzen, Knoblauch und Zwiebeln bei mittlerer Hitze anbraten, bis

sie glasig sind. Zitronenschale zugeben und mit der Gemüsebrühe aufgießen. Frischkäse einrühren und einmal aufkochen. Dann die Hitze reduzieren.

4. Das Lachsfilet in mundgerechte Stücke schneiden, zur Sauce geben und ca. 5 Minuten garen.

5. Spinat waschen und trocken schleudern. Zum Lachs mit den Nudeln geben, mit Pfeffer würzen und gut vermischen. Die Lachsnudeln mit Spinat auf vier Tellern verteilen und servieren.

54. Kokoscurry mit Lachs und Süßkartoffeln

Zutaten
- 150 g Vollkorn-Basmatireis

- Salz
- 1 Zwiebel
- 3 Knoblauchzehen
- 1 rote Chilischote
- 20 g Ingwer (1 Stück)
- 600 g Süßkartoffeln (2 Süßkartoffeln)
- 200 g Sellerie (3 Stangen)
- 20 g Koriander (1 Bund)
- 400 g Lachsfilet
- 1 TL Sesamöl
- 1 TL Kreuzkümmel
- 1 TL Koriander
- ½ TL Kurkumapulver
- 150 ml Kokosmilch (9% Fett)
- 300 ml Gemüsebrühe
- 2 EL Fischsauce

Vorbereitungsschritte

1. Reis in 2,5-facher Menge kochendem Salzwasser nach Packungsanweisung ca. 35 Minuten kochen.

2. In der Zwischenzeit Zwiebel und Knoblauch schälen und in kleine Würfel schneiden. Chili längs halbieren, entkernen, waschen und hacken. Ingwer schälen und fein hacken. Die

Süßkartoffeln schälen und in Würfel schneiden. Sellerie putzen, ggf. Fäden entfernen, waschen und in kleine Stücke schneiden. Koriander waschen, trocken schütteln und die Blätter zupfen. Lachsfilet waschen, trocken tupfen und grob würfeln.

3. Öl in einem Topf erhitzen. Zwiebel, Knoblauch, Ingwer und Chili bei mittlerer Hitze 2-3 Minuten anbraten. Die Gewürze hinzufügen und anbraten. Mit Kokosmilch und Brühe ablöschen und aufkochen.

4. Sellerie- und Süßkartoffelwürfel dazugeben und bei schwacher Hitze 10 Minuten garen. Lachs zugeben und weitere 4-5 Minuten braten. Kokos-Curry mit Fischsauce würzen und mit Reis und Koriander servieren.

55. Fischspieße und Zucchini

96

Zutaten

- 300 g Lachsfilet kochfertig, ohne Haut
- 300 g Kabeljaufilet kochfertig, ohne Haut
- 1 EL Zitronensaft
- 2 Zucchini
- 150 g Ananas
- Pfeffer aus der Mühle
- Meersalz

Vorbereitungsschritte

1. Die Fischfilets waschen, trockenzupfen, in mundgerechte Würfel schneiden und mit Zitronensaft mischen. Zucchini waschen, putzen und längs vierteln und 2/3 der Zucchini in 1,5 cm breite Stücke schneiden und den Rest in schmale Scheiben schneiden. Die Ananas in mundgerechte Stücke schneiden.

2. Die Zucchini mit dem Fisch und optional der Ananas auf Holzspieße stecken. Beginnen Sie mit einem dicken Stück Zucchini oder einem Stück Ananas, dann einem Lachswürfel, dann einer dünnen Zucchinischeibe, einem Stück Kabeljau und zum Schluss noch ein dickes

Stück Zucchini. Die Spieße auf einem heißen Grill goldbraun grillen, dabei gelegentlich wenden, in einer Schüssel oder Pfanne anrichten und mit Pfeffer und Meersalz bestreut servieren.

56. Crostini mit Krebssalat

Zutaten

- 12 Scheiben Vollkornbaguette
- 2 Frühlingszwiebeln
- 2 EL Crème fraicheche-Käse
- 2 EL Sauerrahm
- 1 TL Senf
- 350 g Krebsfleisch
- 2 EL frisch gehackter Dill
- Zitronensaft
- Salz

- Pfeffer
- Dill-Tipps zum Garnieren

Vorbereitungsschritte

1. Die Brotscheiben auf einen Rost legen und im vorgeheizten Backofen mit Grillfunktion beidseitig knusprig und goldbraun rösten.

2. Aus dem Ofen nehmen und etwas abkühlen lassen. Frühlingszwiebeln waschen, putzen und in Ringe schneiden. Mit Crème fraîche, Sauerrahm und Senf mischen, Flusskrebse und Dill unterrühren. Den Flusskrebssalat mit Zitronensaft, Salz und Pfeffer würzen und auf den Brotscheiben verteilen.

3. Die Crostini mit Flusskrebssalat servieren, garniert mit Dillspitzen.

57. Fischstäbchen

Zutaten

- 4 Fischfilets zb Pollack, Pangasius
- 2 EL Zitronensaft
- Salz
- Pfeffer
- 2 EL Mehl zum Wenden
- 2 Eier
- 4 EL Semmelbrösel
- 1 EL Cornflakes nach Belieben
- 2 EL Butterschmalz zum Braten

Vorbereitungsschritte

1. Die Fischfilets auftauen oder frische abtupfen und jeweils in drei bis vier gleichmäßige Stücke teilen. Den Fisch mit Zitronensaft beträufeln und etwas ziehen lassen.

2. In der Zwischenzeit Mehl, Eier und Semmelbrösel jeweils auf Teller verteilen. Eier mit einer Gabel gut verquirlen. Die Cornflakes nach Belieben zerbröseln und mit den Semmelbröseln mischen.

3. Butterschmalz in einer Pfanne erhitzen.

4. Die Fischstücke mit Salz und Pfeffer würzen, leicht im Mehl wenden, rundum in das Ei tauchen und in den Semmelbröseln fertig panieren. Die Fischstücke von allen Seiten ca. 7 Minuten goldbraun backen und heiß servieren.

58. Leichter und einfacher Lachs

ZUTATEN

- .4 Lachssteaks.
- 2 Esslöffel (e) Senf.
- 2 Esslöffel (e) Esslöffel Zitronensaft ☐ Petersilie. ☐ Salz.
- Pfeffer

VORBEREITUNG

1. Heizen Sie Ihren Backofen auf 200 °C vor.
2. Ordnen Sie Ihre Lachssteaks in einer antihaftbeschichteten ofenfesten Form an.
3. In einer Schüssel Senf und Zitronensaft vermischen.

4. Bestreuen Sie die Steaks mit dieser Zubereitung.

5. Salz und Pfeffer (es sei denn, Sie verwenden einen starken Senf!)

6. Etwas Petersilie hacken und auf den Fisch legen.

7. Backen Sie Ihre leichten und einfachen Lachssteaks 20 Minuten lang in einem heißen Ofen.

59. Tintenfischsalat in süß-saurer Soße

ZUTATEN

- 550 g frischer Tintenfisch
- 30 g Rosinen
- 20 g Pinienkerne
- 80 g Öl
- 60 g Essig-Rosen-Trauben
- Salz nach Geschmack
- Petersilie in Blättern
- 1 Kopf Radicchio

VORBEREITUNG

Die Tintenfische säubern und im Wasser blanchieren, die Flossen und das

Gewebe brauchen länger. Abkühlen lassen und in Julienne-Streifen schneiden.

Radicchio putzen und dünn schneiden.

In einer Stahlschüssel Tintenfisch, Radicchio, Rosinen, Pinienkerne, Essig, Öl, Salz und einen Teelöffel Zucker mischen.

Marinieren und würzen lassen. In einem RadicchioBlatt servieren. Mit Petersilienblättern dekorieren.

60. Coronello-Carpaccio und getrocknete Kirschtomaten

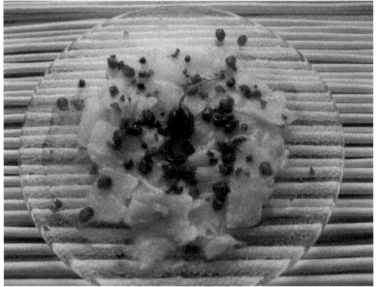

ZUTATEN:

- Coronello (Stockfischfilet) 500gr.
- Getrocknete Kirschtomaten
- Schwarze Oliven
- Natives Olivenöl extra
- Weißer Pfeffer
- Kapern "lacrimelle"
- Granatapfel oder Walderdbeeren (je nach Saison)

VORBEREITUNG

1. Der Hauptbestandteil dieses Gerichts besteht aber wie bei allen Gerichten neben der Frische jeder Zutat in der hohen Qualität des Stockfisches und in der richtigen Salzung, sonst riskieren Sie, die Einfachheit des Gerichts selbst zu stören.

2. Der Coronello wird geschält und die Schale aufgesetzt, als wären die Kiemen so viele Blütenblätter. Es ist eine Art Tapenade aus Oliven und Kirschtomaten und ruht harmonisch auf den Kronblättern, zusammen mit den entsalzten Kapern.

3. Das Ganze mit Granatapfelkernen oder mit den eingelegten Erdbeeren dekorieren.

61. Flag Fish Roll mit geräucherter Provola

ZUTAT

- 2 kg Fischflagge
- 150g geräucherter Käse
- Brot gerieben
- Natives Olivenöl extra
- Salz, Kapern, Knoblauch und Petersilie ☐ Den Flaggenfisch filetieren, so dass jeweils 30 cm große Filets entstehen.

VORBEREITUNG

1. Die Füllung mit einer geräucherten ProvolaNuss, geriebenem Brot, Kapern und gehacktem Knoblauch zusammensetzen, die Filets auf sich selbst wickeln, in den Semmelbröseln panieren. Bei einer

Temperatur von 180 ° ca. 5-7 Minuten backen.

2. Die Filets mit Olivenöl extra vergine beträufeln und mit Petersilienblättern dekorieren.

62. Fadennudeln mit Tintenfischtinte

ZUTAT

- 320 Gramm Linguine, Fadennudeln oder Spaghetti, sogar Spaghettoni
- 3 sehr frische Tintenfischtaschen
- 250gr. von Tintenfischen
- 1 Knoblauchzehe
- Eine ganz frische Zitrone
- Natives Olivenöl extra

- Frische Minzblätter

VORBEREITUNG

1. Die Tintenfische gut säubern, schälen und die schwarzen Beutel vorsichtig einsammeln und beiseite stellen. In einer großen Pfanne 8 Esslöffel natives Olivenöl extra mit dem ganzen Knoblauch anbraten und nur zerdrücken, den gut getrockneten Tintenfisch in kleine Stücke schneiden und 2 Minuten braten.

2. Gleichzeitig die Fadennudeln oder Spaghetti oder auch Spaghetti in reichlich Salzwasser kochen.

3. In einer Schüssel die TintenfischSchwarznudeln in sehr wenig Kochwasser mischen und mit der Tintenfischsauce in die Pfanne geben und gut vermischen.

4. Die Nudeln einige Minuten vorher al dente abseihen und fertig garen, indem sie in der Pfanne mit dem Dressing der Tintenfische und dem Schwarzen, je 2 Tropfen Zitrone anbraten und bei Bedarf das Nudelkochwasser dazugeben.

63. Gebackener Lachs mit Dill-Aioli

Zutat

- 4 Lachsfilets mit Haut, je ca. 170 g
- Esslöffel (7,5 ml) Avocadoöl Schale einer $\frac{1}{2}$ großen Zitrone
- Koscheres Salz
- Frisch gemahlener schwarzer Pfeffer

Alioli zum Tropfen

- $\frac{1}{2}$ Tasse (120 ml) Primal Kitchen Mayonnaise oder eine andere Mayonnaise, die für die paläolithische Ernährung geeignet ist
- 2 kleine geschnittene Knoblauchzehen
- 2 Teelöffel (15 ml) frisch gepresster Zitronensaft

- 1 Esslöffel (15 ml) gehackter frischer Dill
- Teelöffel (1 ml) koscheres Salz
- Teelöffel (1 ml) frisch gemahlener schwarzer Pfeffer Schale einer $\frac{1}{2}$ großen Zitrone

Vorbereitung

1. Dieses bei niedriger Temperatur gebackene Lachsfilet schmilzt im Mund. So zubereitet ist der Lachs schön rosa, also keine Sorge, wenn er aus dem Ofen kommt und er noch roh aussieht. Im Gegenteil, es wird der beste Fisch sein, den Sie je gegessen haben!
2. Den Backofen auf 135 °C vorheizen. Die Lachsfilets in einen Eisentopf oder eine Auflaufform geben. Das Öl mit der Hälfte der Zitronenschale mischen und die Oberseite des Fisches bemalen. Salz und Pfeffer Den Lachs zwischen sechzehn und achtzehn Minuten backen, bis er mit einer Gabel in kleine Stücke geteilt werden kann.
3. Während der Lachs im Ofen ist, Mayonnaise mit Knoblauch, Schale und Zitronensaft, Dill, Salz und Pfeffer mischen.
4. Den Lachs mit der Aioli servieren.

64. Gedämpftes Fischfilet auf Gemüsebett

Zutaten

- 1 Schalotte
- ½ Knollenfenchel
- 60 g kleine Karotten (1 kleine Karotte)
- 3 EL klassische Gemüsebrühe
- Salz
- Pfeffer
- 70 g Pangasiusfilet (am besten Bio Pangasius)
- 2 Stängel glatte Petersilie
- ½ kleine Limette

Vorbereitungsschritte

1. Schalotten schälen und fein würfeln.
2. Fenchel und Karotte putzen und waschen, Karotte dünn schälen. Beide Gemüse in schmale Stifte schneiden.
3. Die Brühe in einer beschichteten Pfanne erhitzen. Schalotte, Fenchel und Karotte dazugeben und ca. 3 Minuten kochen lassen. Mit Salz und Pfeffer abschmecken.
4. Fischfilet abspülen, trocken tupfen, leicht salzen und auf das Gemüse legen. Zugedeckt bei schwacher Hitze 8-10 Minuten köcheln lassen.
5. In der Zwischenzeit die Petersilie waschen, trocken schütteln, die Blätter zupfen und mit einem großen Messer fein hacken.
6. Eine halbe Limette auspressen und den Saft nach Belieben über den Fisch träufeln. Nach Geschmack pfeffern, mit Petersilie bestreuen und servieren.

65. Fisch- und Gemüsespieße

Zutaten

- 250 g reife Mango (1 kleine Mango)
- 1 Limette
- 150 g Zucchini (1 kleine Zucchini)
- 4 Kirschtomaten
- 200 g Kabeljaufilet
- Salz
- ½ TL Joghurtbutter
- Pfeffer
- 1 TL rosa Pfefferbeeren
- 100 g Joghurt (0,1% Fett)

Vorbereitungsschritte

1. Schäle die Mango. Das Fruchtfleisch vom Stein in dicke Spalten schneiden und würfeln.
2. Limette halbieren und Saft auspressen.
3. Zucchini waschen, putzen und würfeln. Tomaten waschen.
4. Das Kabeljaufilet waschen, mit Küchenpapier trocken tupfen und in gleich große Würfel schneiden. Salz.
5. Die Butter in einer kleinen Pfanne schmelzen. 2 EL Limettensaft und etwas Pfeffer einrühren und vom Herd nehmen.
6. Fischwürfel, Mango, Tomaten und Zucchini auf Holzspieße stecken und rundum mit der Limettenbutter bestreichen.
7. Die Spieße in einer Grillpfanne bei mittlerer Hitze oder auf dem heißen Grill 8-10 Minuten braten. Einmal drehen.
8. In der Zwischenzeit die Pfefferbeeren mit dem Messerrücken leicht zerdrücken und in einer kleinen Schüssel mit dem Joghurt vermischen. Mit Salz und restlichem Limettensaft würzen, mit den Fisch-GemüseSpießen servieren.

66. Marinierte Muscheln mit Pfeffer und

Petersilie

Zutaten

- 1 kg frische oder gefrorene Muscheln
- 1 große Zwiebel
- 2 Knoblauchzehen
- 1 grüne Paprika
- $\frac{1}{2}$ Bund glatte Petersilie
- $\frac{1}{2}$ Zitrone
- 2 EL Olivenöl
- 275 ml trockener Weißwein oder Fischfond
- Salz
- Pfeffer

Vorbereitungsschritte

1. Muscheln abbürsten und 1 Stunde in kaltes Wasser legen; einmal das Wasser wechseln. (Gefrorene Muscheln auftauen.)

2. In der Zwischenzeit Zwiebel und Knoblauch schälen und in feine Würfel schneiden. Paprika längs halbieren, Kerngehäuse entfernen, waschen und in feine Streifen schneiden.

3. Petersilie waschen, trocken schütteln, Blätter abzupfen und grob hacken. Die Zitrone auspressen.

4. Die Muscheln in einem Sieb abtropfen lassen. Sortieren Sie die geöffneten Muscheln aus.

5. Öl in einem großen Topf erhitzen und Zwiebel und Knoblauch darin glasig dünsten. Paprika dazugeben und kurz anbraten.

6. Weißwein angießen und aufkochen.

7. Die Muscheln zugeben und zugedeckt bei starker Hitze ca. 4 Minuten garen, bis sich alle Muscheln geöffnet haben, dabei den Topf mehrmals schütteln.

8. Die Muscheln mit einem Schaumlöffel aus dem Topf nehmen und auf eine Platte legen. Nicht geöffnete Muscheln aussortieren.

9. Petersilie in die Brühe geben, mit Salz, Pfeffer und Zitronensaft würzen.
10. Die Brühe über die Muscheln gießen und sofort oder gekühlt servieren.

67. Spargel-Tomaten-Salat

Zutaten

- 1 Zitrone
- 1 rote Zwiebel
- 1 Bund Dill
- 200 g Kirschtomaten
- 150 g Tiefseegarnelen (kochfertig)
- 2 EL Olivenöl
- 1 TL Agavensirup oder Honig
- Salz schwarzer Pfeffer
- 500 g weißer Spargel

Vorbereitungsschritte

1. Die Zitrone auspressen. Zwiebel schälen und in feine Streifen schneiden. Dill waschen, trocken schütteln und hacken. Tomaten

waschen und halbieren. Zitronensaft, Zwiebeln, Dill und Tomaten in eine Schüssel mit Garnelen, Öl und Agavendicksaft geben. Salzen, pfeffern und gut vermischen.

2. Spargel waschen und mit dem Sparschäler gründlich schälen. Die holzigen Enden abschneiden und die Stäbchen schräg in Scheiben schneiden. Lassen Sie die Spargelspitzen ganz.

3. Einen ausreichend großen Topf mit Salzwasser zum Kochen bringen und den Spargel darin 4–5 Minuten al dente garen.

4. Spargel in einem Sieb abtropfen lassen und gut abtropfen lassen.

5. Noch warm zu den anderen Zutaten geben und gut vermischen. 3 Minuten ziehen lassen, nochmals mit Salz und Pfeffer würzen und servieren.

68. Schnelle Fischsuppe mit Gemüse

Zuta ten

- $\frac{1}{2}$

rote Papri ka

• 5

0 g

klein e Karotten (1 kleine Karotte)
- 1 Schalotte
- 1 TL Rapsöl
- Salz
- Pfeffer
- 300 ml Fischfond (Glas)
- 100 g Schellfischfilet
- Worcestersauce nach Geschmack
- 1 Stängel glatte Petersilie

Vorbereitungsschritte

1. Die halbe Paprika entkernen, waschen und in dünne Streifen schneiden.
2. Karotten waschen, putzen, schälen, längs halbieren und in dünne Scheiben schneiden. Schalotten schälen und sehr fein würfeln.
3. Öl in einem Topf erhitzen. Paprika, Karotten und Schalotten darin bei mittlerer Hitze unter Rühren 1 Minute anbraten. Leicht salzen und pfeffern.
4. Mit Fischfond aufgießen, aufkochen, zudecken und 5 Minuten leicht köcheln lassen.

5. In der Zwischenzeit das Fischfilet kalt abspülen, mit Küchenpapier trocken tupfen und in mundgerechte Stücke schneiden. Zur Suppe geben und etwa 5 Minuten köcheln lassen.
6. In der Zwischenzeit die Petersilie waschen, trocken schütteln und die Blätter abzupfen.
7. Die Suppe mit Worcestershiresauce, Salz und Pfeffer würzen. Zum Servieren die Petersilienblätter unterrühren.

69. Fisch in Tomatensauce

Zutaten
- 4 gefrorene Weißfischfilets nach Wahl
- 2 Tassen Kirschtomaten halbiert

- 2 fein geschnitten Knoblauchzehen
- 120 ml helle Hühnerbrühe
- 60 ml trockener Weißwein (oder mehr Hühnerbrühe verwenden)
- 1/2 Teelöffel Salz
- 1/2 Teelöffel schwarzer Pfeffer
- 1/4 Tasse fein gehackte frische Basilikumblätter (zum Garnieren)

Vorbereitung

1. Tomaten, Knoblauch, Salz und Pfeffer bei mittlerer Hitze in eine Pfanne geben. 5 Minuten kochen lassen oder bis die Tomaten weich sind.

Fügen Sie Hühnerbrühe, Weißwein (falls verwendet), gefrorene Fischfilets und gehacktes Basilikum hinzu. Bedecken Sie und köcheln Sie 20-25 Minuten, bis der Fisch vollständig gekocht ist.

3. Zum Schluss noch eine Handvoll gehacktes Basilikum darüberstreuen und nach Belieben auf Reis, Couscous oder Quinoa servieren.

2.

70. Thunfisch mit fruchtigem Gurkensalat

Zutaten

- 2 Thunfischfilets ca. je 130 g
- Salz
- Pfeffer aus der Mühle
- 2 TL Olivenöl
- 200 g Gurke
- 150 g Chinakohl
- 4 EL Limettensaft
- 4 EL Chili-Hühnchen-Sauce
- 4 EL Orangensaft
- 4 EL Frühlingszwiebelringe

Vorbereitungsschritte

1. Die Thunfischfilets salzen und pfeffern.

Olivenöl in einem überzogenen

Eine Pfanne erhitzen, die Fischfilets darin ca. 2 - 3 Minuten auf jeder Seite. Die Gurke mit der Haut waschen und in dünne Scheiben schneiden oder in Scheiben schneiden.

3. Chinakohl waschen, putzen und in dünne Streifen schneiden.

4. Gurke, Chinakohl, Limettensaft, ChiliHühnchen-Sauce, Orangensaft und Frühlingszwiebelringe mischen und mit Salz würzen. Die Thunfischfilets auf dem Salat anrichten und servieren.

2.

71. Schneller Fischburger

Zutaten

- 2 Fischpasteten
- etwas Butter
- 2 Scheibe(n) Käse
- 2 Blatt Güner Salat
- 4 Tomatenscheiben
- 2 Burgerbrötchen
- Tartarsauce
- Ketchup
- Zwiebelringe

Vorbereitung

1. Für den schnellen Fisch-Burger die FischPatties in der Pfanne anbraten - am

Ende der Bratzeit auf jedem der Fisch-Patties eine Scheibe Käse schmelzen.

Die Burgerbrötchen mit Remoulade bestreichen und Salat, Tomatenscheiben und Zwiebelringe darauf verteilen.

3. Auf jedes Burgerbrötchen (mit Tatar/Salat/Tomaten/Zwiebelsauce) einen Fischlaib (mit Käse) legen und mit Ketchup belegen.

4. Mit dem Burgerbrötchendeckel abschließen.

2.

72. Hüttenfischaufstrich

Zutaten

- 250 g Hüttenkäse
- 1/2 Bund Schnittlauch
- 1 Dose(n) Thunfisch (natur)
- Salz
- Pfeffer
- 1 Spritzer Zitronensaft

Vorbereitung

1. Für den Hüttenfisch-Aufstrich den Schnittlauch waschen und fein hacken. Den Thunfisch zerkleinern. Den Hüttenkäse mit

Schnittlauch, Thunfisch und Zitronensaft mischen.

2. Mit Salz und Pfeffer würzen.

73. Kalte Gurkensuppe mit Krebsen

Zutaten

- 2 Gurken (mittel)
- 500 ml Sauerrahm (Joghurt oder Buttermilch)
- Salz
- Pfeffer (weiß, aus der Mühle)
- Dill
- etwas Knoblauch *Für die Anzahlung:*
- 12 Krebsschwänze (bis 16, frei, hochgezogen) ☐ Gurkenwürfel
- Tomatenwürfel
- Dillzweige

Vorbereitung

2. Für die kalte Gurkensuppe mit Krebsen die Krabben garen und die Schwänze loslassen. Die Gurke schälen, entkernen und mit Sauerrahm (Joghurt oder Buttermilch) vermischen. Mit Salz, Pfeffer, Dill und etwas Knoblauch würzen. Auf vorgekühlten Tellern anrichten, Gurken- und Tomatenwürfel sowie Krabbenschwänze darauf legen und mit Dill garnieren.

74. Klare Fischsuppe mit gewürfeltem Gemüse

Zutate
n

- 1 l Fischfond (klar, stark)
- 250 g Fischfiletstücke (bis 300 g, gemischt, ohne Gräten, Forelle etc.)
- 250 g Gemüse (gekocht, Blumenkohl, Lauch,
  Karotten usw.)
- Salz
- etwas Pfeffer
- Safran
- etwas Wermut (eventuell trocken)
- 1 Zweig (e) Dill
- Kerbel (oder Basilikum zum Dekorieren)

Vorbereitung

2. Den fertigen Fischfond mit Salz, Pfeffer und Safran in etwas Wasser getränkt würzen und mit einer Prise Wermut würzen. Das vorgegarte Gemüse in kleine Würfel schneiden und zusammen mit dem Fischfilet ca. 4-5 Minuten köcheln lassen. Schnell auf heißen Tellern anrichten und mit den frischen Kräutern garnieren.

75. Gegrillte Sardellen

Zutaten

- 1 kg Sardellen
- etwas Salz (grob)
- etwas Olivenöl
- 1 Zweig(e) Rosmarin

Vorbereitung

1. Bei gegrillten Sardellen zuerst die Sardellen putzen, die Kiemen entfernen und die Köpfe abschneiden.

2. An der Seite entlang des Rückgrats einschneiden und mit einem Papiertuch gut trocknen. Die Sardellen nur außen mit grobem Salz salzen.

3. Den Grill gut anheizen und etwas mit Olivenöl einölen. Die Sardellen von beiden Seiten 3 bis 5 Minuten braten. Den Fisch nur einmal wenden. Zwischendurch mit dem in Olivenöl getauchten Rosmarinzweig bepinseln.
4. Die Sardellen grillen, bis die Haut goldbraun und knusprig ist.
5. Die gegrillten Sardellen werden sofort serviert.

76. Fischwurst

Zutaten

- 500 g Wildlachsfilet
- 500 g Seelachsfilet
- 1 EL Meer Salz
- 1 Teelöffel Pfeffer
- 1 Spritzer Zitronensaft
- 1 Bund Dill
- 1 Bund Estragon
- 1 Bund Petersilie
- Schafsdarm (die benötigte Menge Fischfleisch beim Metzger bestellen)

Vorbereitung

1. Für die Fischwurst zuerst den Schafsdarm in lauwarmem Wasser (nicht über 40 Grad) ca. eine Stunde vor der Wurst einweichen lassen. Dadurch wird der Naturdarm elastischer und leichter zu verarbeiten.)

2. Das Fischfilet mit dem Messer fein hacken.

3. Zwiebeln, Petersilie, Estragon und Dill fein hacken und zusammen mit etwas Zitronensaft, Meersalz und Pfeffer unter die Fischmasse kneten. (Wenn Sie möchten, können Sie einen Teil der Fischmasse zum Testen in einer Pfanne anbraten und bei Bedarf nachwürzen.)

4. Anschließend wird der Füller mit der Fischmasse befüllt und der Schafsdarm auf den Füllstutzen gezogen. Das Ende des Naturdarms wird verknotet.

5. Füllen Sie den Schafsdarm vorsichtig und nicht zu fest mit der Fischmischung und drehen Sie ihn in die gewünschte Wurstlänge.

6. Die Fischwürste können auf dem Grill bei direkter mittlerer Hitze oder auf dem Herd in der Pfanne gegart werden.

77. Fisch am Stiel

Zutaten

- 8 Felchen (Plötze, Näslinge, Brasse, Barbe etc.)
- Salz
- 8 Nadelholzspieße (ca. 50 cm lang)
- Holzkohleglut (grünes Holz)
- Kartoffeln (nach Geschmack)
- Aluminiumfolie

Vorbereitung

1. Fisch am Stiel lässt sich auf dem Gartengrill ganz einfach zubereiten.
2. Die Fische werden zunächst ausgenommen, gut gereinigt, ggf. geschuppt, gewaschen und

mit Küchenpapier trocken getupft. Dann schälst du sie mit einem sehr scharfen Messer, indem du sie in Abständen von ca. 2mm.

3. Die Fische werden innen und außen gut gesalzen, wobei das Salz ca. 1/2 bis 1 Stunde einwirken sollte. Dann auf die Holzspieße stecken.

4. Dann werden die Fische über der mit grünem Holz angereicherten Holzkohleglut langsam gebraten, bis sie knusprig und knusprig sind. Das grüne Holz, das viel Rauch bildet, wird benötigt, da der Fisch am Stiel sowohl gegrillt als auch geräuchert werden soll.

5. In Alufolie gewickelte Kartoffeln anbraten und gut gesalzen mit dem Fisch an den Stäbchen servieren.

78. Thunfisch mit Honig und Sojasauce

Zutaten

- 4 Stück Thunfischsteaks
- 2 Frühlingszwiebeln (gehackt)
- 10 cm Ingwer
- 125 ml Sojasauce
- 2 EL Honig
- 2 EL Balsamico-Essig

Vorbereitung

1. Für die Marinade Sojasauce mit BalsamicoEssig und Honig mischen.
2. Den Thunfisch mit Ingwer und Frühlingszwiebeln in eine Schüssel geben.

Die Marinade darübergießen und alles 1 Stunde in den Kühlschrank stellen.

3. Nach der Einweichzeit den Thunfisch auf dem Grill oder in der Pfanne 3 bis 4 Minuten von jeder Seite grillen.

79. Gegrillter Lachs

Zutaten

- 200 g Orangenfilets (oder Orangenscheiben)
- 2 Frühlingszwiebeln
- 250 g Lachsfilet (ohne Haut, frisch oder gefroren und aufgetaut)
- Salz
- Pfeffer
- 6 EL KUNER Karibiksauce

Vorbereitung

1. Für den gegrillten Lachs zuerst Orangenfilets oder -scheiben in Stücke schneiden. Frühlingszwiebeln putzen und in Ringe schneiden. Den Lachs in mundgerechte Stücke schneiden, mit Salz und Pfeffer abschmecken. Die karibische Sauce vorsichtig mit Fisch, Orangen und Zwiebeln mischen.
2. Für jedes Paket die Alufolie zweimal, ca. 20x20cm. Gießen Sie ein Viertel der Mischung darüber und falten und verschließen Sie die Alufolie über der Füllung. Die Päckchen auf dem heißen Grill etwa 20 Minuten garen.
3. Den Lachs vom Grill servieren.

80. Pfirsich-Fisch-Curry aus dem Dampfgarer

Zutaten

- 400 g Wels
- 3 EL Sojasauce
- 1 EL Limettensaft
- Salz
- Pfeffer
- etwas Ingwer
- 1 Knoblauchzehe(n)
- 1 Stk. Chilischoten
- 2 EL Kokosraspeln
- 200 ml Kokosmilch

- 2 EL Curry
- 1 Bund Frühlingszwiebeln
- 2 Pfirsiche (reif)

Vorbereitung

1. Für das Pfirsich-Fisch-Curry den Wels putzen und in Stücke schneiden. Mit Sojasauce, Limettensaft, Salz und Pfeffer würzen.
2. Etwas Ingwer schälen und reiben. Die Knoblauchzehe schälen und fein hacken. Chili entkernen und fein hacken.
3. Alle Zutaten bis auf die Frühlingszwiebeln und die Pfirsiche in einen festen Garbehälter geben und garen (10 Minuten bei 100 °C).
4. Frühlingszwiebeln putzen und in feine Ringe schneiden, Pfirsiche schälen und in Stücke schneiden. Zu den restlichen Zutaten geben und alles zusammen kochen (bei 100 °C 5 Minuten).

81. Fischkohlroulade

Zutaten

- 400 g Fischfilets (Lachs, Saibling, Forelle,
  Hecht)
- 600 ml Sahne (flüssig)
- 4 Eigelb
- Pfeffer (frisch gemahlen)
- Salz
- 10 ml Zitronensaft
- 1 Prise Cayennepfeffer
- 8 Stk. Kräuterblätter (oder Kohlblätter)

Vorbereitung

1. Filets hacken und kurz einfrieren, mit Sahne
   und Eigelb in einer Moulinette zu einer

glatten Masse verrühren, mit Salz, Pfeffer und einem Spritzer Zitronensaft würzen.

2. Die Kohlblätter vom Strunk befreien und einzeln in Salzwasser aufkochen, gut abtropfen lassen, die Füllung darauf verteilen und aufrollen.

3. Mit der letzten Seite in eine ofenfeste Form schichten und im vorgeheizten Backofen ca. 30 Minuten backen.

4. Bei Bedarf Sahne/Sahne-Mischung darübergießen.

82. Lachsforellenkuchen aus dem Dampfgarer

Zutaten

- 1 Zwiebel (klein)
- 2 EL Butter
- 750 g Lachsforellenfilet
- 90 g Weißbrot
- 1 Stück Ei
- Salz
- Pfeffer
- Muskatnuss
- 350 ml Sahne
- 1 EL Dill (gehackt)
- Butter (zum Einfetten)

Vorbereitung

1. Für den Lachsforellenkuchen die Zwiebel in feine Würfel schneiden und mit der Butter in einen festen Garbehälter geben. Mit Alufolie abdecken und dämpfen (4 Minuten bei 100 °C).

2. Forellenfilets abspülen, trocken tupfen und die Haut entfernen. Ein Filet kalt stellen, den Rest in Würfel schneiden und zu den Zwiebeln geben.

3. Weißbrot entrinden, in Würfel schneiden, zusammen mit Ei, Salz, Pfeffer und Muskat in den Garbehälter geben.

4. Sahne hinzufügen und alle Zutaten vermischen.

5. Zugedeckt im Kühlschrank 1 Stunde ziehen lassen. Dann pürieren. Die Masse darf nicht warm werden. Dill dazugeben und untermischen.

6. Die Hälfte der Masse in eine gefettete längliche Form geben, glatt streichen und das Forellenfilet darauf legen. Den Rest der Masse darauf verteilen, glatt streichen und abdecken. Stellen Sie das Gericht auf den Rost in den Dampfgarer (bei 90 ° C für 6070 Minuten).

83. Fischfrikadellen mit Gartenkräutern

Zutaten

- 500 g Fischfilets (weiße wie Zander, Scholle) □ 1 Stück Zwiebel
- 2 Bund Gartenkräuter (zB Basilikum,
  Thymian, Oregano, Schnittlauch)
- 1 Teelöffel Senf (grob)
- 2 Stück Eier
- 1 Stück Zitrone (unbehandelt, Saft und Schale davon)
- 5 EL Semmelbrösel
- Salz Pfeffer
- Olivenöl (zum Braten)

Vorbereitung

1. Für die Fischfrikadellen mit Gartenkräutern ggf. zuerst die Fischfilets mit einer Pinzette von den Gräten befreien und in kleine Würfel schneiden.

2. Zwiebel schälen und in kleine Würfel schneiden. Die Kräuter in feine Streifen schneiden. Mit den restlichen Zutaten vermischen und mit Salz und Pfeffer würzen.

3. Mit feuchten Händen Patties formen und in einer heißen Pfanne in etwas Olivenöl von beiden Seiten anbraten.

4. Das Fischlaibchen mit Gartenkräutern im vorgeheizten Backofen bei 180 Grad ca. 20 Minuten fertig garen und sofort servieren.

84. Griechische Fischsuppe (Kakavia)

Zutaten

- 1,5 kg Mittelmeerfisch (Knurrhahn, Meerbarbe, Drachenkopf oder 600 g Fisch fi)
- 1,5l Fischfond (oder Wasser)
- 4 Schalotten
- 3 Tomaten
- 2 Karotten
- 3 Kartoffeln (klein)
- 2 Knoblauchzehen
- 1 Lorbeerblatt
- 1 Zweig (e) Dill
- 1 Zweig (e) Petersilie
- etwas Blattsellerie

- 3 EL Zitronensaft
- 4 EL Olivenöl
- Meersalz (aus der Mühle)

Vorbereitung

1. Die Schalotten in Ringe schneiden und in Olivenöl anschwitzen, bis sie glasig sind. Karotten und Kartoffeln in Würfel schneiden und mit dem gehackten Knoblauch zu den Zwiebeln geben. Fischfond oder Wasser darübergießen. Das Lorbeerblatt dazugeben und etwa 15 Minuten köcheln lassen. In der Zwischenzeit den Fisch schuppen, waschen, filetieren und entgräten. Filets in mundgerechte Stücke schneiden, salzen und in die Brühe geben. Bei schwacher Hitze 510 Minuten ziehen lassen. In der Zwischenzeit die Tomaten blanchieren (überbrühen), schälen und entkernen, in Würfel schneiden und zur Suppe geben. Mit Zitronensaft und Meersalz abschmecken. Mit der gezupften Petersilie, dem Dill und den gehackten Sellerieblättern garnieren.

85. Lachs mit Fenchel und Orange aus der Heißluftfritteuse

Zutaten

- 3 Esslöffel Olivenöl
- 1 Orange
- 300 g Lachs
- 1 Fenchel
- 1 Bund Dill
- Salz Pfeffer **Vorbereitung**

1. Orange und Fenchel in gleichmäßige Scheiben schneiden und mit etwas Olivenöl sowie etwas Salz und Pfeffer würzen. 10 Minuten bei 160 °C backen.

2. Nun den Bund Dill auf den Fenchel und die Orangen geben und den Lachs darauf

einbetten. Nochmals mit etwas Salz, Pfeffer und Olivenöl würzen und den Fisch etwas Orangenschale abreiben. Nochmals 10 Minuten bei 160°C im Airfryer backen und fertig!

86. Zitronenkruste Lachs

Zutaten

- 250 g Seelachsfilet
- 1 Stück Zitrone (ca. 60 g)
- 1 Prise Jodsalz
- 1 1/2 TL Weizenmehl (Vollkorn)
- 2 Teelöffel Sonnenblumenöl
- 1 Prise schwarzer Pfeffer

Vorbereitung

1. Den aufgetauten Lachs auf einen Teller legen und von beiden Seiten mit Zitrone beträufeln.
2. Dann von beiden Seiten salzen und pfeffern und mit etwas Mehl bedecken.
3. Öl in einer Pfanne erhitzen, dann den Lachs von beiden Seiten anbraten.

4. Je nach Dicke der Stücke und ob der Lachs bereits vollständig aufgetaut ist, ist der Fisch nach 10 Minuten gar.

87. Orangenlachs mit Nussreis

Zutaten

- 250 g Basmati-Vollkornreis
- Salz
- 1 Bio-Orange
- 40 g Kräuter (1 Handvoll; Petersilie und Dill)
- Ein Teelöffel Olivenöl
- Pfeffer
- 600 g Lachsfilet (4 Lachsfilets)
- 50 g gesalzene Cashewnüsse

Vorbereitungsschritte

1. Reis nach Packungsanweisung in Salzwasser bissfest kochen.

2. In der Zwischenzeit die Orange heiß waschen, trocken tupfen, die Schale fein reiben und den Saft auspressen. Kräuter waschen, trocken schütteln, hacken und mit Orangensaft und schale, 4 EL Olivenöl, Salz und Pfeffer für die Marinade mischen. Eine Auflaufform mit restlichem Öl bestreichen. Lachs kalt abspülen, trocken tupfen und in die Marinade geben.

3. Die Nüsse grob hacken. Reis in der Form verteilen, Nüsse untermischen und Fischfilets darauf legen. Mit der restlichen Marinade beträufeln und im vorgeheizten Backofen bei 200 °C (Umluft 180 °C; Gas: Stufe 3) ca. 20 Minuten garen.

88. Geräucherter Lachs mit Betabel

Zutaten

- 2 Tassen Körnersalz
- 2 Esslöffel gelbe Zitronenschale
- 2 Esslöffel Orangenschale
- 2 Esslöffel frischer Dill
- 10 Stück fetter Pfeffer, zerdrückt
- 1/2 Tasse brauner Zucker
- 2 Tassen Rüben in Scheiben geschnitten
- 2 Kilo frischer Lachs voller Fisch

Vorbereitung

1. In einer mittelgroßen Schüssel das Getreidesalz mit Zitronen- und Orangenschale, Dill, Pfeffer und Zucker mischen. Reservierung.
2. Ein Blech mit selbstklebendem Kunststoff die Rübenmesser flächendeckend verteilen, etwas von der Schüsselmasse über die Rüben geben, den Lachs dazugeben und mit der restlichen Schüsselmasse vollständig bedecken.
3. Umhüllt Lachs perfekt, sodass die gesamte Oberfläche mit Rüben und Plastik bedeckt ist.

4. Den Lachs 1 Tag kalt stellen, damit die Aromen imprägniert werden.
5. Aus dem Kühlschrank nehmen, den Lachs in der Verpackung entdecken und das Salz so weit wie möglich entfernen, bis er sauber ist.
6. Die Zubereitung in dünne Scheiben schneiden, servieren und genießen.

89. Marokkanische Fischspieße

Zutaten

- ½ TL Koriandersamen
- 1 TL Kreuzkümmel
- 5 schwarze Pfefferkörner
- 2 getrocknete Chilischoten
- Safranfäden (1 Päckchen)
- Zwiebel
- Knoblauchzehen
- 1 frischer Koriander
- 1 Limette
- 1 EL Rotweinessig
- Ein Teelöffel Olivenöl
- Meersalz
- 400 g Schmerlenfilet
- 200 g Schwertfischfilet

Vorbereitungsschritte

1. Koriandersamen, Kreuzkümmel und Pfefferkörner in einer Pfanne rösten, bis ein aromatischer Rauch aufsteigt.
2. Die getrockneten Chilischoten und Safranfäden in einem Mörser oder Blitzhacker zerkleinern.
3. Zwiebel und Knoblauch schälen und fein hacken. Koriander waschen, trocken schütteln. Blätter zupfen und fein hacken.

4. Die Limette auspressen. Gemahlene Gewürze, Zwiebeln, Knoblauch und Koriander in einer Schüssel mit 3 EL Limettensaft, Essig und Olivenöl zu einer Gewürzmischung (Chermoula) verrühren und salzen.

5. Die Fischfilets waschen, trocken tupfen und je in ca. 2 cm große Würfel. Den Fisch in ca. 2/3 der Chermoula wenden und im Kühlschrank mindestens 1-2 Stunden marinieren lassen.

6. Legen Sie die Fischstücke auf 4 lange Holzspieße und grillen Sie diese über mittelheißer Holzkohle oder in einer Grillpfanne für 2 Minuten von jeder Seite. Mit der restlichen Chermoula servieren.

90. Gefüllte Lachsrolle vom Grill

Zutaten

- 600 g Lachsfilet
- Meersalz
- 100 g Schinken (luftgetrocknet)
- 150 g Schafskäse
- Pfeffer (frisch aus der Mühle)

Vorbereitung

1. Für das gefüllte Lachsbrötchen vom Grill lassen Sie vom NORDSEE Verkaufsteam frisches, praktisch grätenloses Lachsfilet in ca. 1 cm dicke und 15 cm lange Scheiben (ähnlich Rinderrollen).

2. Auf jede Lachsscheibe 1-2 Scheiben luftgetrockneten Schinken legen und den Frischkäse darauf verteilen.

3. Die Lachsfilets aufrollen und mit einem Zahnstocher fixieren oder mit Baumwollfaden zusammenbinden.

4. Die Lachsröllchen außen mit etwas Meersalz und frisch gemahlenem Pfeffer würzen.

5. Die gefüllten Lachsröllchen auf Alufolie ca. 18 Minuten bei nicht zu hoher Hitze grillen. Die gefüllte Lachsrolle vom Grill einige Male vorsichtig wenden.

91. Thunfisch am Stiel

Zutaten

- 4 Stück Thunfisch (je ca. 120 g)
- 100 g Gramm
- Salz
- Pfeffer (aus der Mühle)
- 4 EL Sesamöl
- 2 EL Sesamsamen (geröstet)
- 50 g Petersilie (gehackt)
- 100 g Frühlingszwiebeln (fein gehackt)
- 4 Holzspieße (gewässert)

Vorbereitung

1. Für den Thunfisch am Stäbchen zuerst den Thunfisch salzen, auf einen bewässerten

Holzspieß stecken und rundum mit Sesamöl bestreichen.

2. Die Gramm hacken und in einer Pfanne anrösten. Frühlingszwiebeln dazugeben und kurz anrösten. Paprika, gerösteten Sesam und Petersilie untermischen.

3. Reinigen Sie den vorgeheizten Grill.

4. Den Thunfisch am Stiel von jeder Seite rundherum zügig grillen, kurz auf den Warmhalterost legen, mit der Bechermasse bestreuen und kurz ziehen lassen.

5. Den Thunfisch am Stiel mit etwas Sesamöl beträufeln und servieren.

6. GRILLMETHODE: rundum heiß, aber nur kurz

7. GRILLZEIT: ca. 2 Minuten bei ca. 200 °C, dann kurz ruhen lassen

92. gegrillte Sardinen

Zutaten

- 1 kg kleine Sardinen (oder Sardellen)
- Mehl
- Zitronenspalten zum Garnieren □ Für die Marinade:
- 1/2 Bund Petersilie
- 2 Knoblauchzehen
- 4 EL Olivenöl
- Saft einer halben Zitrone
- Salz
- Pfeffer (frisch gemahlen)

Vorbereitung

1. Die Sardinen am Bauch aufschneiden und die Innereien entfernen. Mit kaltem Wasser abspülen und sorgfältig trocken tupfen.

2. Für die Marinade die Petersilienblätter von den Stielen zupfen, die Knoblauchzehen schälen und fein hacken. Alle Zutaten in einer großen Schüssel vermischen. Den Fisch einlegen und etwa 1 Stunde marinieren lassen.

3. Die Sardinen aus der Marinade nehmen und leicht mit Mehl bestäuben. Auf dem Grill etwa 3 Minuten von jeder Seite grillen. Die gegrillten Sardinen mit Zitronenscheiben und frischem Weißbrotteller.

93. Gegrillte Dorade

Zutaten

- 4 Stück Meer Brachsen
- 2 Stück Zitrone
- 3 EL Thymian
- 4 EL Meer Salz ☐ 200 ml Olivenöl
- 4 EL Zitronenpfeffer
- Grillgewürz

Vorbereitung

1. Für die gegrillte Dorade die Zutaten zu einer Marinade verrühren und die Dorade mindestens 30 Minuten marinieren.

   Anschließend den Fisch auf den Grill legen und während des Grillens mit einem BBQGewürz würzen.

2. Grillen Sie den Fisch, bis die Haut knusprig ist. Das gegrillte Dorade Gericht und servieren.

94. Gegrillte Garnelen

Zutaten

- 16 Garnelen (ohne Schale)
- 2 Zucchini (mittel)
- 4 EL Öl
- 1 Teelöffel Salz
- 1 Teelöffel Zitrone (Saft)

Vorbereitung

1. Legen Sie die Krabbenschwänze mit den in Scheiben geschnittenen Zucchini abwechselnd auf 4 geölte Holzspieße. Mit Öl beträufeln und mit Salz bestreuen. Unter dem vorgeheizten Grillrost 5 bis 8 Minuten

grillen, mit dem Saft einer Zitrone beträufeln.

2. Mit Weißwein und Weißbrot auf den Tisch bringen.

3. 20 Minuten.

4. Tipp: Zucchini sind eine Kürbissorte und daher kalorienarm, vitaminreich und leicht verdaulich – genau das Richtige für eine leichte Ernährung!

95. Gegrillte Scampi auf Wok-Gemüse

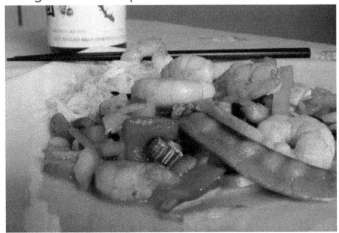

Zutaten

Für die Scampi:

- 500 g Scampi (rot)
- 1 EL Erdnussöl
- 2 EL Knoblauch
- 2 TL Ingwer (frisch gehackt)
- 4 Frühlingszwiebeln
- 100 g Paprika (rot und grün) *Für die Soße:*
- 200 ml Hähnchenbrust
- 2 EL Shaoxing Reiswein (oder Weißwein)
- 3 EL Sojasauce
- 2 EL Paradeismark

- 1 EL Maisstärke

Vorbereitung

1. Den Wok kräftig erhitzen und dann das Erdnussöl hinzugeben. Knoblauch und Ingwer darin anbraten. Gehackte Paprika und Frühlingszwiebeln dazugeben. Alle Zutaten noch einmal rösten. Gießen Sie die zuvor gemischte Sauce über das Gemüse. Die Garnelen halbieren und den Darm entfernen. Mit Salz und Pfeffer würzen und mit der Fleischseite nach oben braten. Zum Schluss das Gemüse anrichten und die gebratenen Garnelen darauf legen.

96. Gegrillte Meeresfrüchtespieße

Zutaten

Für die Spieße

- 1 Zucchini
- 200 g Lachsfilet kochfertig, ohne Haut
- 200 g Zanderfilet küchenfertig, mit Haut
- 200 g Garnelen kochfertig, geschält und entdarmt
- 2 unbehandelte Limetten
- 1 TL rote Pfefferkörner
- $\frac{1}{2}$ TL schwarze Pfefferkörner
- Meersalz
- 4 EL Olivenöl
- Für den Dip
- 500 g

- Naturjoghurt
- Pfeffer aus der Mühle
- Zucker

Vorbereitungsschritte

2. Zucchini waschen, putzen und in 1 cm dicke Scheiben schneiden. Den Fisch waschen, trocken tupfen und in mundgerechte Würfel schneiden. Die Garnelen waschen. Die Limetten heiß abspülen, die Schale einer Limette abreiben und den Saft auspressen. Restliche Limette in Scheiben schneiden. Die Pfefferkörner im Mörser grob zerstoßen und mit einer großzügigen Prise Salz, dem Öl und der Hälfte des Limettensaftes vermischen. Die Fischwürfel abwechselnd mit den Zucchinischeiben und den Garnelen auf Dönerspieße legen und mit der Limettenmarinade bestreichen. 30 Minuten ziehen lassen.

3. Für den Dip Joghurt mit restlichem Limettensaft verrühren, mit Salz, Pfeffer und einer Prise Zucker verrühren, in Schüsseln füllen und mit der Limettenschale garnieren. Die Spieße zusammen mit den Limettenscheiben auf einen heißen Grill legen

und 8-10 Minuten grillen, dabei gelegentlich wenden. Mit dem Dip servieren.

4.

97. Fischspieß mit Taratorsauce

Zutaten

- 700 g festes Fischfilet (Schwert oder Thunfisch)
- 1 Zitrone (Saft)
- Olivenöl
- Paprikapulver (edelsüß)
- Meersalz (aus der Mühle)
- Pfeffer (aus der Mühle)
- Lorbeerblätter (frisch) *Für die Soße:*

- 100 g Walnüsse (geschält)
- 3 Knoblauchzehen
- 2 Scheibe(n) Weißbrot (ohne Schwarte)
- 150 ml Olivenöl
- 1 Zitrone (Saft)
- Meersalz (aus der Mühle)
- Pfeffer (aus der Mühle)

Vorbereitung

1. Schneiden Sie das Fischfilet in ca. 2 cm dicke Würfel schneiden und mit Zitronensaft, Olivenöl, Paprikapulver, Meersalz und Pfeffer ca. 1 Stunde. Dann die Fischstücke abwechselnd mit je einem Lorbeerblatt auf einen großen oder mehrere kleine Metallspieße stecken. Wenn möglich über Holzkohle grillen, ansonsten in einer Teflonpfanne braten. Alle Zutaten in einem Mixer zu einer homogenen Sauce für die Sauce verrühren. Die gebratenen Spieße anrichten, die Sauce separat servieren.

98. Gegrillter Alpenlachs

Zutaten

- Alpenlachs
- Olivenöl
- Gewürze (nach Wahl)
- Kräuter (nach Wahl)

Vorbereitung

1. Für den Alpenlachs den kochfertigen Fisch gut waschen und trocken tupfen.
2. Bestreichen Sie den Fisch mit Olivenöl und reiben Sie ihn innen und außen mit Gewürzen Ihrer Wahl ein. Geben Sie Kräuter Ihrer Wahl in den Bauch des Fisches.
3. Den Fisch auf den Grill legen und etwa 7 Minuten grillen.

99. Mediterraner Feta in Folie

Zutaten

- 1 Knoblauchzehe(n)
- 2 EL Rama Culinesse Pflanzencreme
- 1 Stück Schalotten
- 1 EL Pinienkerne
- 6 Zweige Thymian (alternativ 1 Teelöffel getrockneter Thymian)
- 5 Stk. Oliven (ohne Stein)
- 1 Teelöffel Kapern
- 4 Stück Sardellenfilets
- 20 g Tomaten (sonnengetrocknet)
- 6 Kirschtomaten
- 2 Stück Feta (je 150g)

Vorbereitung

1. Schalotten und Knoblauch schälen und fein würfeln. Pinienkerne in einer Pfanne ohne Fett bei mittlerer Hitze goldbraun rösten. Thymian, Oliven, Kapern, Sardellen, Pinienkerne und getrocknete Tomaten grob hacken und mit Schalotten, Knoblauch und Gemüsecreme vermischen.

2. Cherrytomaten waschen und in Scheiben schneiden. Zwei Stücke Alufolie ausbreiten und je einen Feta darauflegen, Tomatenscheiben und Rama-Gemüsecreme darauf verteilen. Die Alufolie zu Päckchen falten und etwa 15 Minuten auf den Grill legen.

100. Lingfisch in der Folie

Zutaten

- 300 g Champignons
- 3 Karotten
- 125 ml klassische Gemüsebrühe
- Salz
- Pfeffer
- 600 g Leng-Fischfilet (4 Leng-Fischfilets)
- 2 Pole
- Zitronengras

Vorbereitungsschritte

1. Die Champignons putzen und in Scheiben schneiden.

2. Karotten putzen, schälen und waschen. Zuerst längs in dünne Scheiben, dann in feine Streifen schneiden.

3. Die Karottenstreifen mit 5 EL Brühe in einen Topf geben, die Champignonscheiben dazugeben und zugedeckt ca. 5 Minuten bei mittlerer Hitze garen. Mit Salz und Pfeffer würzen.

4. 4 große Stücke Alufolie (je ca. 30x30 cm) auf der Arbeitsfläche auslegen. Die Ränder etwas hochklappen, damit später nichts auslaufen kann.

5. Das Gemüse in 4 Stücke Alufolie teilen. Fischfilets abspülen, trocken tupfen und auf das Gemüse legen. Salz und Pfeffer.

6. Zitronengras putzen und waschen, harte äußere Blätter abziehen; Die weiche Innenseite fein hacken und über die Fischfilets streuen.

7. 2 EL Gemüsebrühe über 1 Portion träufeln. Die Alufolie fest zu Päckchen falten und auf dem heißen Grill 12-15 Minuten grillen.

FAZIT

Denken Sie daran, dass Meeresfrüchte nicht nur köstlich sind, sondern auch für Ihre Gesundheit von Vorteil sein können.

CPSIA information can be obtained
at www.ICGtesting.com
Printed in the USA
BVHW091039090522
636524BV00033B/1570